W0356817

Espèce de Cucurbitacée!

Nathalie
et Yves-Marie Clément
Corinne Baret-Idatte

Père Castor
Flammarion

1. Pépé m'a traité !

Pépé Adrien se redresse
et me lance en pleine figure :
– Espèce de **cucurbitacée** !
Regarde un peu
où tu mets les pieds !
Tu viens de détruire
une famille entière de radis
sur trois générations !

Je lui réponds :
– Mais, Pépé...
– Il n'y a pas de « Mais »
Je suis en colère !

Pépé est vraiment en colère.
Il ajoute :
– Et puis d'abord,
on ne jardine pas
avec des baskets, parce qu'après,
il y a de la terre plein la cuisine.
Et tu sais bien
que Mémé Mathilde
n'aime pas ça.
Tu vas voir, on va encore
se faire disputer tous les deux...

Tout en sarclant
ses pieds de haricots,
Pépé Adrien continue
de ronchonner
dans ses moustaches grises.

Moi, je l'aime bien,
mon pépé Adrien. Avec lui,
je fais tout ce que je veux
dans le jardin... ou presque.

J'ai le droit d'utiliser
les outils, même la pioche.

D'ailleurs, plus tard,
je serai jardinier, comme lui.
Et, comme lui, je récolterai
les plus beaux légumes du pays.

Mais aujourd'hui,
j'avoue que je suis un peu vexé.
Et même fâché.

Pépé Adrien
y est allé un peu fort avec moi.
Tout ça pour une minuscule
poignée de radis.

Il m'a traité !
Pépé Adrien m'a traité !
Et moi, je n'aime pas ça du tout !

Mais il m'a traité de quoi, au fait ?

De « cucu... de cucu... quelque chose ».

Mince, je ne m'en souviens pas !

C'était pourtant
un superbe gros mot !
Un gros mot énorme,
gigantesque, et si terrible
que je me serais fait un plaisir
de le ressortir à l'école
pour épater les copains.

Parfois, je pense que Maman
n'a pas tout à fait tort.
Elle me dit que j'apprends
de bien mauvaises manières
avec Pépé Adrien,
et que si ça continue,
finies les vacances à la ferme !

« Cucu... quelque chose... »
Aïe ! Aïe ! Aïe !
Si Maman avait entendu ça !

Heureusement,
Papa est de mon côté.
Et il ne manque jamais
de rappeler : « Plutôt
un petit mois au grand air
chez Pépé et Mémé
que trente longues journées
à traîner dans nos pattes ! »
Il a bien raison.

2. Le « Cucu... quelque chose »

Agenouillé sur une planche, pépé Adrien soulève une à une les feuilles sous lesquelles se dissimulent de beaux cornichons.

Il rouspète encorc :

– Ah ! Les cochons de cornichons ! Ils sont allés se cacher dans les coins ! Les coquins !

Moi, je ne les aime pas, les cornichons. Je préfère les fraises et les framboises. Heureusement, personne ne me force à en manger. Surtout pas Mémé Mathilde qui dit que ça fait des trous dans l'estomac.

Je me demande parfois pourquoi Pépé Adrien se casse la tête à faire pousser des horreurs pareilles !

Mais pour l'instant, je n'ai qu'une idée en tête.

Je voudrais que Pépé Adrien redise l'énorme gros mot de tout à l'heure.

Il faut à tout prix
que je trouve une astuce
pour le lui faire sortir.

Je sais bien
que ça ne va pas être facile,
car Pépé Adrien est malin.

Et puis c'est un champion
de gros mots. Je crois même
qu'il en connaît des millions.
Il répète rarement
deux fois le même.

S'il allait à l'école,
Pépé Adrien serait,
sans conteste,
le plus fort de ma classe.

La tête en l'air
et mine de rien, je me prends
le pied dans l'anse de son panier,
et je renverse tous ses cornichons.

Mais le quart d'heure
de Pépé Adrien est passé ;
il me sort tout juste un :
– Espèce de grosse citrouille !
C'est très décevant.

Alors je laisse tomber
la pelle sur ses rangs de tomates
pour écraser quelques pieds.

Il s'exclame :

– Nom d'un haricot géant !
Tu vas tout me casser !
Cornegidouille
de cornegidouille !

Je cueille une pomme verte
en passant. Il s'écrie :
– Tête de mule !
Vas-tu les laisser mûrir
avant de les cueillir ?
Saperlipopette !

Il regarde ensuite sa montre
et soupire :
– Quatre heures…
Si c'est pas l'heure de la collation,
alors qu'est-ce que c'est ?

Il jette un coup d'œil
sur son jardin et ajoute :
– Et puis tu es en train de tout
me massacrer. On croirait
qu'il y a eu la guerre, là-dedans.

Pour moi, on peut dire
que c'est l'échec complet.
Comment s'y prendre
pour lui faire dire enfin
ce gros mot extraordinaire ?

Au cours du dîner,
Pépé Adrien allume la télé.
Je vais profiter de la situation.
Je me lève et m'empare
de la télécommande
et je m'amuse à zapper
entre deux cuillers de soupe.

– Scrogneugneu de scrogneugneu,
fiston ! Veux-tu laisser ça ?
Et mes informations !
– Qu'est-ce qui te passe
par la tête ?
s'inquiète Mémé Mathilde.
C'est sûr
qu'elle ne peut pas comprendre.

Mais Pépé Adrien
est le plus malin.
Au cours de la soirée,
tous les gros mots y passent,
sauf le bon.

Après le repas, Pépé Adrien
se contente d'un superbe :
« Nom d'un canon de bazooka »
quand je le bats
aux dominos.

Mais hélas, toujours pas
de « cucu... quelque chose ».
Il se fait tard.
C’est l’heure d’aller se coucher.

3. L'énigme de la citrouille

Le lendemain,
sept heures du matin.
– Branle-bas de combat !
s'écrie Pépé Adrien.

Nous engloutissons un copieux petit déjeuner. Il faut prendre des forces pour travailler.

Pépé Adrien va chercher
les outils dans la remise.
– Pelle, faux, binette, râteau.
Et surtout un bon chapeau,
car, il va faire chaud,
chantonne-t-il en enfonçant
sa casquette
jusqu'aux oreilles.

Il me donne le râteau
et me dit :
– Ce matin,
mon petit bonhomme,
on va s'occuper de ton potager.
Et on va semer des...
– Des haricots ?
– Hum, non !
– Alors des petits pois ?
– Pas du tout ! Tu n'y es pas !
Aujourd'hui nous semons
des cucurbitacées !

Je n'en reviens pas. Je répète :
– Des cu-cur-bi-ta-cées !

– Tiens, prends ce paquet.
L'année dernière, j'ai gagné
un concours avec ces graines-là.

Mais je ne l'écoute plus.
Pépé Adrien vient de redire
le gros mot extraordinaire,
comme ça, sans se fâcher.
Tout bêtement...

J'attrape le paquet de graines et je suis du doigt les indications.

C'est écrit :

Graines de citrouille - Cucurbitacée
Variété vigoureuse, semi-tardive
(Semer de mai à août en pleine terre).

Je me mets à danser
en chantant :
– Cucurbitacées !
Cucurbitacées ! Cucurbitacées !

Et toutes les graines
de cucurbitacées
jaillissent hors du paquet
pour se perdre dans le gazon.

Cette fois, Pépé Adrien n'est vraiment pas content. Il devient tout rouge et s'écrie :

– Espèce de cornouiller ! Je n'ai pas besoin d'un clown dans mon potager. File d'ici, avant que je ne me fâche !

Pas question d'insister.
Je cours vers la barrière du jardin.
Je vais aider Mémé Mathilde
à faire ses confitures.

Une fois de plus, Pépé Adrien est fâché contre moi.

Mais quand même, de là à me traiter ! Mais il m'a traité de quoi au fait ? De « cor... de cor... de cor... quelque chose » !

Autres titres de la collection :

La guerre des kilos

Maman a décidé de faire un régime. Finies les sucreries… et ma collection de « Mondialo ». Jusqu'à quand ?

Une dent contre la souris

Quand on perd une dent, il faut la garder pour la petite souris. Mais celle-ci est parfois bien malicieuse…

Le monstre de M. Stravinski

Ignace, le monstre de placard, terrorise les élèves du professeur de musique… mai Albertine ne se laisse pas impressionner !

Ma mère est une sorcière

La maman de Pirella est sorcière. De plus, elle est susceptible, et fâchée contre la maîtresse…

Le Petit Tamour

Maman répète sans arrêt que mon frère est un petit Tamour. Moi je veux bien, ma qu'est-ce que c'est un «Tamour» ?